BEI GRIN MACHT SICH IHR
WISSEN BEZAHLT

AF167029

- Wir veröffentlichen Ihre Hausarbeit,
  Bachelor- und Masterarbeit

- Ihr eigenes eBook und Buch -
  weltweit in allen wichtigen Shops

- Verdienen Sie an jedem Verkauf

Jetzt bei www.GRIN.com hochladen
und kostenlos publizieren

Trainingslehre 2. Ausdauertrainingsplanung

Erstellung eines Trainingsplans für eine 34-jährige Frau

Marvin Merz

Bibliografische Information der Deutschen Nationalbibliothek:

Die Deutsche Nationalbibliothek verzeichnet diese Publikation in der Deutschen Nationalbibliografie; detaillierte bibliografische Daten sind im Internet über http://dnb.d-nb.de abrufbar.

ISBN: 9783346422705
Dieses Buch ist auch als E-Book erhältlich.

Druck und Bindung: Books on Demand GmbH, Norderstedt Germany
Gedruckt auf säurefreiem Papier aus verantwortungsvollen Quellen

Das vorliegende Werk wurde sorgfältig erarbeitet. Dennoch übernehmen Autoren und Verlag für die Richtigkeit von Angaben, Hinweisen, Links und Ratschlägen sowie eventuelle Druckfehler keine Haftung.

Das Buch bei GRIN: https://www.grin.com/document/1024564

Deutsche Hochschule für
Prävention und Gesundheitsmanagement
Hermann Neuberger Sportschule 3
66123 Saarbrücken

Einsendeaufgabe

Fachmodul: Trainingslehre 2

Studiengang: Bachelor of Arts Fitnessökonomie

Datum
Präsenzphase: 07.12.- 09.12.2020

Name, Vorname: Merz, Marvin

Semester: **WS 2019**

Inhaltsverzeichnis

1   Diagnose

1.1   Allgemeine und biometrische Daten

Im Rahmen der Einsendeaufgabe zu Trainingslehre 2 soll eine Ausdauertrainingsplanung für eine Person erstellt werden. Alle nachfolgenden Planungen zum Training beziehen sich auf die untenstehende Kundin, die aus datenschutztechnischen Gründen nur als „Kundin" bezeichnet wird.

Tabelle 1: Allgemeine und biometrische Daten

Alter	34 Jahre
Geschlecht	weiblich
Körpergröße	174cm
Körpergewicht	77 Kilogramm
Trainingsmotive	Gewichtsreduktion, Herz-Kreislauf-Arbeit ökonomisieren
Berufliche Tätigkeit	Sekretärin im Büro
Aktuelle/frühere sportliche Aktivitäten (+ Leistungsstufe und Umfang)	Seit ca. 3 Jahren, 2x pro Woche moderates Radfahren auf dem Ergometer für ca. 45-60 Min
Zeitlicher Verfügungsrahmen	3x pro Woche bis zu 1 Stunde
Blutdruck	128/83 mmHg = normal
Ruhepuls	77 S/min
Allgemeiner Gesundheitszustand	Keine Einschränkungen, keine OPs, nimmt keine Medikamente

Die Kundin hat einen Blutdruck von 128/83 mmHg. Dieser wird nach der Deutschen Hochdruckliga (2018) als normal eingestuft, da er im Bereich zwischen 120-129/80-84 mmHg liegt. Nur ein optimaler Blutdruck wäre noch besser, dieser liegt im Bereich von >120/>80 mmHg.

Der Ruhepuls der Kundin lässt sich anhand der Normwerte der Deutschen Herzstiftung als durchschnittlich bewerten.

Tabelle 2: Normwerte der Ruheherzfrequenz nach der Deutschen Herzstiftung (2020) (eigene Darstellung)

Lebensalter	Ruheherzfrequenz
Neugeborene Babys	Ca. 120-140 S/min
Kleinkinder	Ca. 100-120 S/min
Ältere Kinder und Jugendliche	Ca. 80-100 S/min
Erwachsenenalter	Ca. 60-80 S/min (Bei Senioren kann der Ruhepuls wieder leicht ansteigen)

1.2 Leistungsdiagnostik

Zunächst absolviert die Kundin einen Ausdauertest auf dem Fahrradergometer, da diese von der Durchführung her sehr simpel und leicht zu bewerten sind, um anhand des Ergebnisses später die optimale Trainingsherzfrequenz für ihr Ausdauertraining zu berechnen. Im Breiten- und Gesundheitssport eignen sich besonders der Ausdauertest nach dem WHO-Schema und der Ausdauertest nach dem Hollmann & Venrath-Schema. Bei beiden Tests handelt es sich jeweils um submaximale Stufentests, das heißt, die Testperson arbeitet nicht bei voller Ausbelastung seiner Fähigkeiten und die zu bewältigende Belastung erhöht sich schrittweise.

Der WHO-Test ist so aufgebaut, dass er bei einem Anfangswiderstand von 25 Watt startet und sich dieser Widerstand alle 2 Minuten um 25 Watt erhöht wird. Daher eignet sich dieser Test für untrainierte, ältere und übergewichtige Personen, da hier die Belastung nur langsam gesteigert wird. Der Hollmann & Venrath-Test ist ähnlich aufgebaut, eignet sich aber eher für normal bis gut trainierte Personen. Hier beträgt der Anfangswiderstand 30 Watt und dieser steigert sich um 40 Watt alle 3 Minuten. Die Trittfrequenz bei beiden Tests beträgt 60-80 U/min.

Anhand der Eingangsbefragung und der Erfahrung, die die Kundin im Ausdauertraining bereits besitzt, führen wir einen Test nach dem Hollmann & Venrath-Schema mit der Kundin durch.

Zunächst wird eine Voreinstufung der Kundin anhand ihrer Ruheherzfrequenz, ihrem Alter und ihrer Trainingshäufigkeit (s. Tabelle 1) vorgenommen, um anschließend einen IPN-Test® nach Hollmann & Venrath mit ihr durchzuführen.

1. Schritt: Voreinstufung nach Ruheherzfrequenz und Lebensalter

RHF/Alter	< 20	20-29	30-39	40-49	50-59	60-69	≥ 70
< 50	140	135	130	125	115	110	105
50-59	145	140	135	125	120	115	110
60-69	145	145	135	130	125	120	115
70-79	150	145	(140)	135	130	125	120
80-89	155	150	145	140	135	125	125
≥ 90	160	155	150	145	135	130	125

2. Schritt: Voreinstufung unter zusätzlicher Berücksichtigung der Trainingshäufigkeit (ausdauerrelevante Aktivitäten)

Sporttyp	Mindesthäufigkeit / Woche (Einheiten)	Stunden/ Woche	Aufschlag
überhaupt kein Ausdauertraining	-	-	-
wenig Ausdauertraining	1-2 mal	≤ 1 Stunde	-
moderat Ausdauertraining	2-3 mal	1-2 Stunden	(plus 5)
viel Ausdauertraining	3-4 mal	2-4 Stunden	plus 10
sehr viel Ausdauertraining	> 4 mal	> 4 Stunden	plus 15

Tabelle 2: Voreinstufung für den IPN-Test®: Definition des Ziel-/Abbruchkriteriums

Abbildung 1: Voreinstufungen nach Ruheherzfrequenz und Lebensalter und Trainingshäufigkeit (ausdauerrelevante Aktivitäten) (Institut für Prävention und Nachsorge, Köln 2004, S. 4)

Der aus den beiden Tabellen ermittelte Wert dient im Ausdauertest als Zielherzfrequenz. Rechnet man die beiden markierten Werte zusammen erhält man eine Zielherzfrequenz von 145 S/min. Nun wird mit diesem Wert der Ausdauertest nach dem Hollmann & Venrath-Schema absolviert. Dabei wird die letzte, vollständig durchfahrene Wattstufe zur Bewertung genommen. In dem Fall, dass die Zielherzfrequenz vor Ablauf der 3 Minuten Stufe des Tests erreicht wird, wird der Test an dieser Stelle beendet und die aktuelle Wattstufe zeitinterpoliert in die Bewertung mit eingerechnet.

Tabelle 3: Testdurchführung (eigene Darstellung)

Zeit	Watt	Herzfrequenz nach 1 Minute	Herzfrequenz nach 2 Minuten	Herzfrequenz nach 3 Minuten
3 min	30	89	95	98
6 min	70	101	104	109
9 min	110	112	117	121
12 min	150	126	131	138
15 min	190	145 (Abbruch nach 12 Minuten und 45 Sekunden)	---	---

Die letzte komplett durchgefahrene Wattstufe waren 150 Watt. Zu diesem Wert wird nun die nächste Wattstufe zeitinterpoliert dazugerechnet. Die Dauer der Stufe beträgt 3 Minuten (= 180 Sekunden).

180 Sekunden ÷ 40 Watt = 0,22 W/Sek.

Die Kundin hat 45 Sekunden lang diese Wattstufe getreten.

45 Sek × 0,22 W/Sek = 10 Watt

150 Watt + 10 Watt = 160 Watt

Nun wird der errechnete Wattwert durch das Körpergewicht geteilt, um die relativen Watt-Soll-Leistung zu erhalten, mit dem man anschließend anhand einer Normtabelle der IPN einen Belastungsfaktor für das Ausdauertraining zu ermitteln kann.

160 Watt ÷ 77 kg = 2,08 W/kg.

Mit ihrer relativen Watt-Soll-Leistung von 2,08 W pro kg Körpergewicht liegt die Kundin im interindividuellen Leistungsvergleich, welcher anhand der untenstehenden Normtabelle möglich ist, etwas über dem Durchschnitt. Auch ein intraindividueller Leistungsvergleich ist zu einem späteren Zeitpunkt möglich, da der Test leicht zu wiederholen ist. Dieses Ergebnis ermöglicht es uns neben der Beurteilung der allgemeinen aeroben Ausdauerleistungsfähigkeit, auch die Ableitung einer individuellen Trainingsempfehlung nach IPN. Mit der erbrachten Watt-Soll-Leistung kann ein Belastungsfaktor von 0,63 für die Kundin ermittelt werden. Dieser Wert wird später benötigt, um nach der IPN-Methode die optimale Herzfrequenz für das Ausdauertraining zu berechnen.

Alter / Intensität	< 30	30-34	35-39	40-44	45-49	50-54	55-59	> 60	Bewertung
0,50	1,15	1,09	1,04	0,98	0,92	0,86	0,81	0,75	☹☹
0,51	1,2	1,14	1,08	1,02	0,96	0,90	0,84	0,78	☹☹
0,52	1,25	1,19	1,13	1,06	1,00	0,94	0,88	0,81	☹☹
0,53	1,3	1,24	1,17	1,11	1,04	0,98	0,91	0,85	☹☹
0,54	1,35	1,28	1,22	1,15	1,08	1,01	0,95	0,88	☹☹
0,55	1,40	1,33	1,26	1,19	1,12	1,05	0,98	0,91	☹
0,56	1,45	1,38	1,31	1,23	1,16	1,09	1,02	0,94	☹
0,57	1,50	1,43	1,35	1,28	1,20	1,13	1,05	0,98	☹
0,58	1,55	1,47	1,40	1,32	1,24	1,16	1,09	1,01	☹
0,59	1,60	1,52	1,44	1,36	1,28	1,20	1,12	1,04	☹
0,6	1,70	1,62	1,53	1,45	1,36	1,28	1,19	1,11	∅
0,61	1,80	1,71	1,62	1,53	1,44	1,35	1,26	1,17	∅
0,62	2,00	1,90	1,80	1,70	1,60	1,50	1,40	1,30	∅
0,63	2,10	2,00	1,89	1,79	1,68	1,58	1,47	1,37	☺
0,64	2,30	2,19	2,07	1,96	1,84	1,73	1,61	1,50	☺
0,65	2,40	2,28	2,16	2,04	1,92	1,80	1,68	1,56	☺
0,66	2,60	2,47	2,34	2,21	2,08	1,95	1,82	1,69	☺☺
0,67	2,80	2,66	2,52	2,38	2,24	2,10	1,96	1,82	☺☺
0,68	3,00	2,85	2,70	2,55	2,40	2,25	2,10	1,95	☺☺
0,69	3,20	3,04	2,88	2,72	2,56	2,40	2,24	2,08	☺☺
0,70	3,40	3,23	3,06	2,89	2,72	2,55	2,38	2,21	☺☺

Abbildung 2: Normtabelle für submaximale Radergometertests - Relative Watt-Soll-Leistung bei Frauen (modifiziert nach IPN, 2004, S. 8) (eigene Darstellung)

1.3 Gesundheits- und Leistungszustand der Person

Unter Zuhilfenahme der erhaltenen und errechneten Testergebnisse und Diagnosedaten lässt sich nun auf den Gesundheits- und Leistungsstand der Kundin schließen.

Anhand der Normtabelle für submaximale Radergometertests nach IPN sieht man, dass die Kundin sich leicht oberhalb der Durchschnittswerte befindet. Dies lässt sich vielleicht damit begründen, dass die Kundin bereits seit schon 3 Jahren regelmäßig Ausdauertraining absolviert hat.

7

Sowohl der Blutdruck als auch die Ruheherzfrequenz der Kundin liegen im Normbereich, weisen aber Beide noch Potenzial nach unten auf. Dies würde sich positiv auf ihr Herz-Kreislauf-System auswirken und ihre körperleiche Leistungsfähigkeit ökonomisieren. Es finden sich zudem keine gesundheitlichen Einschränkungen bei der Kundin wieder und Medikamente nimmt sie auch nicht zu sich. Somit steht dem geplanten Ausdauertraining nichts im Weg.

2 Zielsetzung und Prognosen

Tabelle 4: Zielsetzung

Ziel	Inhalt	Ausmaß	Zeit
1	Gewichtsreduktion (= Fettabbau)	3 kg	8 Wochen
2	Senkung des Blutdrucks	5-10 mmHg systolisch 5-8 mmHg diastolisch	12 Wochen
3	Senkung der Ruheherzfrequenz	3 S/min	6 Wochen

Zwar liegen die Blutdruck- und Ruheherzfrequenzwerte der Kundin im Normbereich des interindividuellen Vergleichs, jedoch können diese Werte noch weiter optimiert werden, um die Arbeit des Herz-Kreislauf-Systems weiter zu ökonomisieren.

Neben diesen beiden Zielen möchte die Kundin zusätzlich noch ihr Gewicht etwas reduzieren.

Anhand der gesammelten Daten der Trainingsmotive, der gesundheitlichen Voraussetzung und der Vorerfahrung der Kundin im Ausdauertraining bestehen keine Bedenken bezüglich der herausgearbeiteten Ziele.

3 Trainingsplanung Mesozyklus

3.1 Grobplanung Mesozyklus

Tabelle 5: Grobplanung Mesozyklus

Mesozyklus 1	
Mesozyklusdauer:	6 Wochen
Trainingsziele bzw. Trainingsbereiche:	Gewichtsreduktion (=Fettabbau) + Grundlagenausdauer (GA)
Belastungsumfang/Woche:	120 Min GA + 15-30 Min HIIT
Trainingsmethoden:	Nach IPN → Fettabbau + HIIT
Trainingsintensitäten:	Berechnung der Trainingsherzfrequenz (THf): BF (0,63) → [220 - 3/4LA - (Hf(Ruhe))] × BF + Hf(Ruhe) − 10 S/min (für Fettabbau) = [117] × 0,63 + 77 − 10 = 141 S/min 141 S/min = 68% der Hf(Reserve) HIIT = 90-95% der maximalen Geschwindigkeit 30 Sek Intervalle, anschließend locker laufen bis Puls >130 S/min, dann wieder schnell
Trainingshäufigkeit/Woche:	3x pro Woche
Dauer pro Trainingseinheit:	2x pro Woche Fettabbau jeweils 60 Minuten 1x pro Woche HIIT 15-30 Minuten (5-10 Intervalle)
Trainingsgeräte:	Für Fettabbau der Crosstrainer, für HIIT das Laufband

(Erklärungen zur Tabelle: BF=Belastungsfaktor, LA=Lebensalter, HIIT=High Intensity Interval Training, Hf (Ruhe)=Ruheherzfrequenz)

3.2 Detailplanung Mesozyklus

Tabelle 6: Detailplanung Mesozyklus

(Erklärungen zur Tabelle: POG=Pulsobergrenze, PUG=Pulsuntergrenze)

Woche 1	Montag	Mittwoch	Freitag	Woche 2	Montag	Mittwoch	Freitag
Tr.-ziel	Fettabbau	Stoffwechsel aktivieren	Fettabbau	Tr.-ziel	Fettabbau	Stoffwechsel aktivieren	Fettabbau
Tr.-methode	Nach IPN	HIIT	Nach IPN	Tr.-methode	Nach IPN	HIIT	Nach IPN
Tr.-intensität	141 S/min (POG: 186 S/min, PUG: 126 S/min)	90-95% der maximalen Geschwindigkeit	141 S/min (POG: 186 S/min, PUG: 126 S/min)	Tr.-intensität	141 S/min (POG: 186 S/min, PUG: 126 S/min)	90-95% der maximalen Geschwindigkeit	141 S/min (POG: 186 S/min, PUG: 126 S/min)
Tr.-dauer	60 Minuten	4x 30 Sek (+Aufwärmen und Cool-Down) 15 Minuten	60 Minuten	Tr.-dauer	60 Minuten	5x 30 Sek (+Aufwärmen und Cool-Down) 18 Minuten	60 Minuten
Tr.-gerät	Crosstrainer	Laufband	Crosstrainer	Tr.-gerät	Crosstrainer	Laufband	Crosstrainer

Woche 3	Montag	Mittwoch	Freitag	Woche 4	Montag	Mittwoch	Freitag
Tr.-ziel	Fettabbau	Stoffwechsel aktivieren	Fettabbau	Tr.-ziel	Fettabbau	Stoffwechsel aktivieren	Fettabbau
Tr.-methode	Nach IPN	HIIT	Nach IPN	Tr.-methode	Nach IPN	HIIT	Nach IPN

Tr.-intensität	141 S/min (POG: 186 S/min, PUG: 126 S/min)	90-95% der maximalen Geschwindigkeit	141 S/min (POG: 186 S/min, PUG: 126 S/min)	Tr.-intensität	141 S/min (POG: 186 S/min, PUG: 126 S/min)	90-95% der maximalen Geschwindigkeit	141 S/min (POG: 186 S/min, PUG: 126 S/min)
Tr.-dauer	60 Minuten	6x 30 Sek (+Aufwärmen und Cool-Down) 21 Minuten	60 Minuten	Tr.-dauer	60 Minuten	7x 30 Sek (+Aufwärmen und Cool-Down) 24 Minuten	60 Minuten
Tr.-gerät	Crosstrainer	Laufband	Crosstrainer	Tr.-gerät	Crosstrainer	Laufband	Crosstrainer

Woche 5	Montag	Mittwoch	Freitag	Woche 6	Montag	Mittwoch	Freitag
Tr.-ziel	Fettabbau	Stoffwechsel aktivieren	Fettabbau	Tr.-ziel	Fettabbau	Stoffwechsel aktivieren	Fettabbau
Tr.-methode	Nach IPN	HIIT	Nach IPN	Tr.-methode	Nach IPN	HIIT	Nach IPN
Tr.-intensität	141 S/min (POG: 186 S/Min, PUG: 126 S/Min)	90-95% der maximalen Geschwindigkeit	141 S/min (POG: 186 S/Min, PUG: 126 S/Min)	Tr.-intensität	141 S/min (POG: 186 S/Min, PUG: 126 S/Min)	90-95% der maximalen Geschwindigkeit	141 S/min (POG: 186 S/Min, PUG: 126 S/Min)
Tr.-dauer	60 Minuten	8x 30 Sek (+Aufwärmen und Cool-Down) 27 Minuten	60 Minuten	Tr.-dauer	60 Minuten	9x 30 Sek (+Aufwärmen und Cool-Down) 30 Minuten	60 Minuten
Tr.-gerät	Crosstrainer	Laufband	Crosstrainer	Tr.-gerät	Laufband	Crosstrainer	Laufband

3.3 Begründung des Mesozyklus

3.3.1 Begründung zum angestrebten wöchentlichen Belastungsumfang

Der wöchentliche Belastungsumfang wird von den bisherigen 2 Einheiten pro Woche mit jeweils 45-60 Minuten Länge auf 3 Einheiten pro Woche gesteigert. Davon dauern 2 Einheiten jeweils 60 Minuten und eine Einheit zunächst 15 Minuten. Diese wird aber über den gesamten Mesozyklus auf 30 Minuten erweitert.

Da die Kundin schon über einen längeren Zeitraum Ausdauertraining betrieben hat, muss sie sich nicht erst an die Belastung gewöhnen.

3.3.2 Begründung zu den ausgewählten Trainingsmethoden

Der Trainingsbereich zur Grundlagenausdauer und Fettabbau stellt für die Kundin aufgrund des angegebenen Zieles den wichtigsten Trainingsbereich dar. Der Grundlagenausdauerbereich dient zur Entwicklung einer Leistungsbasis (Marquardt, 2017). Durch den zuvor durchgeführten IPN-Test® wird zudem auch direkt eine individuelle Trainingsempfehlung für die Person angegeben. Anhand des Ergebnisses der Trainingsempfehlung wird mit der Dauermethode trainiert. Die Belastungsdauer beträgt hierbe jeweils 60 Minuten pro Trainingseinheit. Diese werden ohne Unterbrechung absolviert. Das Training findet somit über den gesamten Zeitraum unterhalb bzw. an der aeroben Schwelle statt, um zu erreichen, dass mit zunehmender Dauer vor allem der Fettstoffwechsel zur Energiebereitstellung in Anspruch genutzt wird.

Ergänzend zu diesen 2 Trainingseinheiten, kommt noch eine Trainingseinheit im Bereich des HIIT dazu. Diese soll zusätzlich die Ausdauerleistungsfähigkeit der Kundin verbessern (Dransmann, 2020) und sich im Umkehrschluss positiv auf den Blutdruck und den Ruhepuls auswirken

3.3.3 Begründung zur Belastungsprogression

Die Person trainiert während des gesamten Mesozyklus 3x in der Woche. Die 2 Trainingseinheiten im GA-Bereich werden durchgehend absolviert mit einer Dauer von 60 Minuten. Dies wird damit begründet, dass die Kundin schon vorher regelmäßig Ausdauertraining mit dieser Belastungsdauer betrieben hat.

Zu diesen Trainingseinheiten kommt eine HIIT-Trainingseinheit hinzu. Diese startet mit einer Belastungsdauer von ca. 15 Minuten und steigert sich über die 6 Wochen bis auf ca. 30 Minuten. Da diese Trainingseinheit sehr intensiv ist, sollte sie generell die Dauer von 30 Minuten nicht überschreiten, da sonst die Gefahr eines sogenannten Übertrainings besteht.

Im Mesozyklus der Kundin wird lediglich die Belastungsdauer der HIIT-Einheit verändert. Die Person kann nur 3x in der Woche trainieren, weshalb an der Trainingshäufigkeit nichts verändert werden kann. Zwar wird durch die längere Belastungsdauer während der HIIT-Einheit auch die Intensität dieser Einheit größer, aber es wurde keine direkte Veränderung der Intensität, durch beispielsweise eine Erhöhung der Herzfrequenz, vorgenommen.

3.3.4 Begründung zu den angesteuerten Trainingsbereichen

Durch das Ergebnis des zu Beginn durchgeführten Ergometer-Tests nach Hollmann & Venrath, lässt sich, sowohl eine Beurteilung der aeroben Leistungsfähigkeit als auch eine individuelle Trainingsempfehlung für die Person ableiten.

Hierzu wird anhand des Testergebnisses mithilfe der Norm-Soll-Tabelle der Belastungsfaktor ermittelt, der anschließend in die Formel zur Berechnung der Trainingsherzfrequenz eingesetzt wird.

Da die Kundin auch ein Fettstoffwechseltraining absolviert, kann die angegebene Empfehlung um ca. 10 S/min reduziert werden.

Berechnung der Trainingsherzfrequenz:

Rad fahren/Rudern: THf = [(220 – LA) – Hf(Ruhe)] × BF + Hf(Ruhe)

Cross/Stepper/Laufband: THf = [(200 – 3/4LA) – Hf(Ruhe)] × BF + Hf(Ruhe)

(Erläuterungen zu den Formeln: s. Tabelle 5)

3.3.5 Begründung der ausgewählten Ausdauergeräte bzw. Bewegungsformen

Als Trainingsgeräte wurden das Laufband und der Crosstrainer für die Kundin ausgewählt. Die Kundin hat bei diesen Geräten einen, im Vergleich zum Beispiel Fahrradergometer, einen höheren Kalorienverbrauch, da sehr viele Muskelgruppen an der Bewegung beteiligt sind. Durch den großen Anteil vieler Muskelgruppen wird zudem ein größerer cardiopulmonaler Trainingseffekt und Gesamtenergieumsatz erzielt.

Zudem ist es auf den modernen Laufbändern möglich, aufgrund ihrer hohen Stoßabsorption, ein gelenk- und wirbelsäulenschonendes Ausdauertraining zu absolvieren (Neumann & Hottenrott, 2016, S. 181).

4 Literaturrecherche

Nachfolgend zwei Studien zur Fragestellung der Effekte des Ausdauertrainings bei Übergewicht/Adipositas

Tabelle 7: Studie 1 (Skrypnik et al., 2015)

Wer hat die Studie durchgeführt?	Skrypnik, D., Bogdanski, P., Madry, E., Karolkiewicz, J., Ratajczak, M., Krysciak, J., Pupek-Musialik, D., Walkowiak, J.
In welchem Jahr wurde die Studie publiziert?	2015
Welche Forschungsfrage wurde untersucht?	Auswirkungen von Ausdauer- und Ausdauer-Krafttraining auf die Körperzusammensetzung und die körperliche Leistungsfähigkeit bei Frauen mit abdominaler Adipositas
Mit welchen Versuchspersonen wurde die Studie durchgeführt?	Frauen mit abdominaler Adipositas
Wie sah der Versuchsaufbau der Studie aus?	44 Frauen mit abdominaler Adipositas wurden zufällig in die Gruppen A und B eingeteilt und gebeten, 3 Monate lang, 3-mal pro Woche, 60 Minuten lang Ausdauer- (A) und Ausdauer-Krafttraining (B) durchzuführen
Welche relevanten Ergebnisse und Schlussfolgerungen lieferte die Studie?	In beiden Gruppen wurden signifikante Abnahmen der Körpermaße, des BMI, des Gesamtkörperfetts, der Gesamtkörperfettmasse, sowie des Taillen-Hüft-Umfangs beobachtet. Zudem wurden signifikante Erhöhungen der maximalen Sauerstoffaufnahme und der Zeit bis zur Erschöpfung festgestellt, sowie eine merklich verringerte Ruheherzfrequenz und diastolischer und systolischer Blutdruck.

	Bei den untersuchten Parametern wurden keine signifikanten Unterschiede zwischen den Gruppen festgestellt.

Tabelle 8: Studie 2 (Mahdirejei, T. Amouzad et al., 2015)

Wer hat die Studie durchgeführt?	Mahdirejei, T.A., Razi, M., Barar, A., Farzanegi, P., Mahdirejei, H.A., Shahrestani, Z., Ahamdi, M.
In welchem Jahr wurde die Studie publiziert?	2015
Welche Forschungsfrage wurde untersucht?	Die Auswirkungen von Ausdauer- oder Krafttraining auf die PON1- und Lipidprofilwerte bei adipösen Männern untersuchen
Mit welchen Versuchspersonen wurde die Studie durchgeführt?	Adipöse Männer
Wie sah der Versuchsaufbau der Studie aus?	26 übergewichtige Männer wurden in drei Gruppen eingeteilt: Ausdauertraining (n=9), Krafttraining (n=9) und Kontrolle (n=8). Beide Trainingsgruppen führen jeweils 4 Wochen lang ein Ausdauertraining mit 65-80% der maximalen Herzfrequenz bzw. mit 60-80% des 1-RM durch
Welche relevanten Ergebnisse und Schlussfolgerungen lieferte die Studie?	Nach 4 Wochen Ausdauer- und Krafttraining wurde eine signifikante Abnahme des Gewichts und des Körperfettanteils beobachtet, während die PON1-Spiegel bei der Ausdauergruppe deutlich anstiegen und der LDL-Spiegel deutlich sank. Im Gegensatz dazu wurde weder in der

	Krafttrainings- noch Kontrollgruppe signifikante Veränderungen der Cholesterin-, TG-, LDL- und HDL-Spiegel festgestellt. Zudem wurde keine Korrelation zwischen den PON1-Spiegeln und den anthropometrischen und metabolischen Parametern zwischen den Gruppen beobachtet. Die Ergebnisse dieser Studie zeigen, dass Ausdauertraining als wirksames Mittel zur Verringerung des Risikos von Herz-Kreislauf-Erkrankungen bei adipösen Männern eingesetzt werden kann.

5   Abbildungs- und Tabellenverzeichnis

5.1   Abbildungsverzeichnis

5.2   Tabellenverzeichnis

6 Literaturverzeichnis

Dransmann, M. (2020). *Hochintensives Intervalltraining vs. extensive Dauermethode. Feldstudie zum ausdauernden Laufen im Sportunterricht.* Wiesbaden: Springer VS, Springer Fachmedien Wiesbaden.

Mahdirejei, T. A., Razi, M., Barari, A., Farzanegi, P., Mahdirejei, H. A., Shahrestani, Z. et al. (2015). A comparative study of the effects of endurance and resistance exercise training on PON1 and lipid profile levels in obese men. *Sport Sciences for Health, 11* (3), 263-270.

Marquardt, M. (2017). *Die Laufbibel. Das Standardwerk zum gesunden Laufen* (17., überarbeitete und erweiterte Auflage). Hamburg: spomedis.

Neumann, G. & Hottenrott, K. (2016). *Das große Buch vom Laufen* (3. Auflage). Aachen: Meyer & Meyer.

Skrypnik, D., Bogdański, P., Mądry, E., Karolkiewicz, J., Ratajczak, M., Kryściak, J. et al. (2015). Effects of Endurance and Endurance Strength Training on Body Composition and Physical Capacity in Women with Abdominal Obesity. *Obesity facts, 8* (3), 175-187.